Insectos increíbles

John Townsend

Chicago, Illinois

For information, address the Publisher:
Raintree, 100 N. LaSalle, Suite 1200, Chicago, IL 60602

Spanish translation produced by DoubleO Publishing Services

Printed and bound in China
12 11 10 09 08
10 9 8 7 6 5 4 3 2 1

Library of Congress Cataloging-in-Publication Data

Townsend, John, 1955-
  [Incredible insects. Spanish]
  Insectos increíbles / John Townsend.
    p. cm. -- (Criaturas increíbles)
  Includes index.
  ISBN 978-1-4109-3063-7 (hb - library binding) --
  ISBN 978-1-4109-3072-9 (pb)
  1. Insects--Juvenile literature. I. Title.
  QL467.2.T6918 2007
  595.7--dc22
                          2007035772

This leveled text is a version of Freestyle: Incredible Creatures:
Incredible Arachnids.

Acknowledgments

Ant Photolibrary p. 35 top; California Academy of Science p. 32
(John S. Reid); Corbis pp. 16 (David A. Northcott), 16–17 (Galen
Rowell); FLPA pp. 11 right, 15 left, 18 right, 21 right, 24 left, 25,
26, 31 left, 33 right, 36 right, 37, 39, 41, 44 right, 46–7; Getty
Images p. 51 (Imagebank); Natural Visions p. 48 (Heather Angel);
Naturepl p. 30 (John Cancalosi); NHPA pp. 5, 5 top, 6–7, 7, 8, 9
right, 10, 11 left, 12 left, 13, 15 right, 17, 19, 21 left, 20, 22–3,
23, 24 right, 26–7, 27, 28, 29 right, 33 left, 35 bottom, 38, 40, 43
right, 45 left, 45 right, 46 left, 48–9, 50–1; Oxford Scientific Films
pp. 9 left, 38; Photodisc pp. 4, 18 left; Premaphotos Wildlife pp. 5
middle, 31 right, 34–5, 40–1 (Rod Preston-Mafham); Science
Photo Library pp. 5 bottom (Sinclair Stammers), 6 (Susumu
Nishinaga), 12 (Eye of Science), 14 (Sinclair Stammers), 22
(Sinclair Stammers), 29 left (Claude Nuridsany & Marie
Perennou), 36 left (Dr Jeremy Burgess), 42 (Andrew Syred), 43 left
(Dr P. Marazzi), 50 (Rosenfeld Images Ltd)

Cover photograph of a Plexippus jumping spider reproduced with
permission of FLPA (Minden Pictures/Gerry Ellis)

Every effort has been made to contact copyright holders of any
material reproduced in this book. Any omissions will be rectified
in subsequent printings if notice is given to the Publishers.

Disclaimer:
All the Internet addresses (URLs) given in this book were valid at
the time of going to press. However, due to the dynamic nature of
the Internet, some addresses may have changed, or sites may have
changed or ceased to exist since publication. While the author and
Publishers regret any inconvenience this may cause readers, no
responsibility for any such changes can be accepted by either the
author or the Publishers.

Contenido

Todas las palabras del texto que aparezcan en negrita, **como éstas**, se explicarán en el glosario. También puedes buscar el significado de algunas palabras en la sección "Palabras salvajes" al final de cada página.

Insectos increíbles

¿Sabías que el 90 por ciento de todos los animales en la Tierra son insectos? Hay insectos en todas partes, excepto en el mar.

Los insectos son **invertebrados,** lo que significa que no tienen columna vertebral. El cuerpo de un insecto adulto se divide en tres partes principales:

- la cabeza de donde nacen las **antenas**
- el **tórax** con seis patas y a menudo dos pares de alas
- el **abdomen,** con el corazón y el estómago en su interior

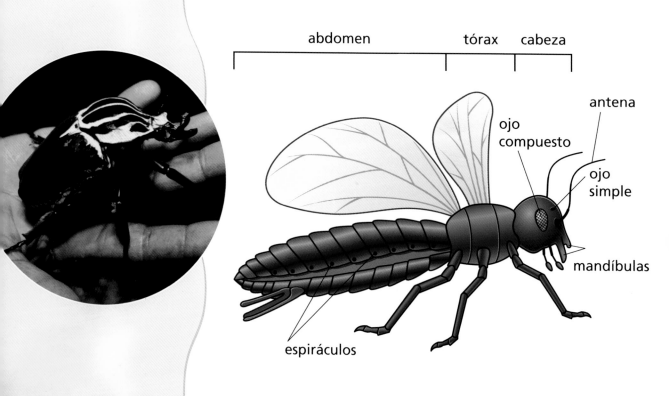

abdomen   tórax   cabeza

antena

ojo compuesto

ojo simple

mandíbulas

espiráculos

Muchos tipos

Algunas personas creen que cualquier animalito que camina, se arrastra o trepa es un insecto. Pues no es así.

Quizás creas que las arañas son insectos, por ejemplo. Pero si cuentas las patas de una araña, verás que tiene ocho, no seis. Por lo tanto, las arañas no son insectos. Las cochinillas de la humedad tienen catorce patas. Por lo tanto, tampoco son insectos.

Entre los animales que son insectos se incluyen escarabajos, vaquitas de San Antón, mariposas y polillas, abejas, avispas, moscas, libélulas, langostas y tijeretas.

Descubrirás más sobre estos insectos, y muchos otros, en este libro.

Luego descubrirás...

...cómo algunos insectos atacan a otros.

...cómo se protegen los insectos.

...qué insectos son peligrosos para nosotros.

▼ Los saltamontes son insectos. Mira las largas antenas en la cabeza de este saltamontes.

Conoce a la familia

Existen muchos grupos diferentes de insectos. Todos son distintos entre sí.

Alas duras

El 25 por ciento de todos los animales de la Tierra son escarabajos. ¡Por cada persona hay alrededor de 25 millones de escarabajos! Algunos escarabajos son tan pequeños que ni los podemos ver, mientras que otros son tan grandes como un puño.

Los escarabajos tienen dos pares de alas. Las alas delanteras son alas duras protectoras que no se utilizan para volar. Las vaquitas de san Antón son un tipo de escarabajo muy conocido.

Insectos coloridos

De las cochinillas trituradas se obtiene una **tintura** especial roja. Esta tintura se emplea en lápices labiales, dulces y helados. Las cochinillas viven en los cactus. Se cubren con una cera blanca esponjosa (debajo).

tintura sustancia utilizada para dar color a algo

Alas escamosas

Las mariposas y las polillas tienen alas grandes cubiertas de **escamas** diminutas.

La mejor manera de diferenciar una polilla de una mariposa es observar las **antenas** en su cabeza. Las antenas de una mariposa parecen lápices delgados con pequeños botoncitos en los extremos. Las antenas de una polilla generalmente parecen cabellos o plumas minúsculos.

Mariposas brillantes

Las alas de muchas mariposas y polillas son de colores brillantes. El color viene de las escamas en sus alas.

▼ Fotografía ampliada del ala de una mariposa.

▲ Esta es una vaquita de San Antón. Ha abierto sus gruesas alas con pintas. Puedes ver las alas para volar debajo.

escama placa diminuta que crece de la piel. Las escamas cubren las alas de las mariposas y las polillas, como las tejas en un techo.

Termitas

Las termitas viven en grandes hormigueros subterráneos en países cálidos. Algunos hormigueros tienen una "chimenea" alta (debajo). Las chimeneas permiten la salida del calor que se acumula en el hormiguero.

Hormigas

Las hormigas se encuentran en casi todos los lugares de la Tierra. Viven en grupos llamados **colonias**. A veces puede haber millones de hormigas en un gran hormiguero.

Abejas y avispas

La mayoría de las abejas y avispas viven solas. Pero algunas también viven en colonias. Como las hormigas, trabajan arduamente para mantener sus colmenas limpias y cuidar a sus crías.

colonia grupo de individuos que viven y trabajan juntos

Fabricantes de miel

Las abejas alimentan a sus crías con el **polen** que recogen de las flores. El polen es el polvo amarillo que puedes ver dentro de una flor. Las abejas también recolectan el **néctar** de las flores, que es un líquido azucarado. Lo utilizan para hacer miel.

A diferencia de las abejas, las avispas matan y comen otros insectos. Mastican los insectos y con ellos alimentan a sus crías. Primero pican a estos insectos para que no puedan moverse.

Superpoblada

La colonia individual más grande de hormigas estaba habitada por 300 millones de hormigas. Esta "súper colonia" estaba formada por 45 hormigueros unidos. Se encontró en Japón.

► Este tronco de árbol está cubierto de hormigas carpinteras, que salen de su hormiguero en la primavera.

▲ Aquí vemos abejas obreras en su colmena almacenando el polen y la miel para comer.

Moscas

Las moscas están en todo el mundo, hay miles de millones de ellas. Tienen solamente un par de alas, ¡pero son hábiles voladoras!

Las moscas son insectos útiles. Muchas de ellas comen plantas y animales muertos o en descomposición.

Estos insectos también pueden llegar a ser una plaga y propagar enfermedades. La mosca azul, o moscardón, zumba ruidosamente por nuestras cocinas en el verano.

Mosquitos

Los mosquitos son moscas. Son peligrosos porque pueden transmitir una enfermedad llamada malaria. Este mosquito está picando la piel de un ser humano.

Chinches

Una chinche es un insecto con una boca que tiene forma de pico. Las chinches se encuentran en todo el mundo. Viven en la tierra y en los ríos y riachuelos.

Las chinches varían en longitud desde sólo $1/25$ pulgadas (1 milímetro) a $4^1/_2$ pulgadas (11 centímetros). Los pulgones que atacan las plantas de los jardines son chinches.

Cucarachas

Las cucarachas generalmente viven cerca de los seres humanos. Se esconden detrás de armarios y debajo de las tablas del piso.

◄ Las moscas azules depositan sus huevos en nuestra comida y pueden transmitir enfermedades.

¿Voladores?

No todos los insectos pueden volar. Los que sí pueden, tienen muchas formas y tamaños.

Uno de los insectos voladores más grandes es la libélula. Es habitual ver libélulas cerca de los estanques o riachuelos en verano. Las libélulas son excelentes voladoras.

Los caballitos del diablo son similares a las libélulas pero suelen ser más delgados y volar más lentamente.

Langostas

Algunas langostas vuelan en **mangas**, es decir, en grandes grupos de langostas (arriba). Hasta 500,000 millones de insectos pueden volar juntos formando una enorme nube oscura. Comen cualquier planta que encuentren a su paso.

▼ Como muchas libélulas, este halconero luce llamativos colores.

manga langostas que se mueven juntas en un gran grupo

Colémbolos

Los colémbolos son insectos diminutos sin alas. Grandes cantidades de colémbolos viven en la tierra. También viven en todo tipo de plantas. Algunos dañan nuestros **cultivos**.

Saltadores

Algunos insectos saltan en lugar de volar. Por ejemplo, las pulgas no vuelan pero son muy buenas saltadoras.

Insectos palo

Los insectos palo no necesitan moverse con rapidez. Se pasan la vida haciéndose pasar por ramas. Las mantis religiosas actúan de igual manera, pero cuando un insecto sabroso se les acerca se mueven rápidamente para atraparlo.

Cuerpos asombrosos

Caminar sobre el agua

Los patinadores de agua, como el que se muestra debajo, son muy livianos. Tienen patas peludas especiales que les permiten caminar sobre la superficie del agua.

Los insectos siempre están en peligro. Otros animales (incluidos otros insectos) se alimentan de ellos. Las patas de los insectos son útiles para escapar del peligro, pero también tienen otras utilidades.

Patas y pies

Las mantis religiosas usan unos ganchos filosos en sus patas delanteras para atrapar insectos para comer. Las mariposas utilizan sus patas para degustar el alimento. ¡Tienen papilas gustativas en la lengua y también en sus patas!

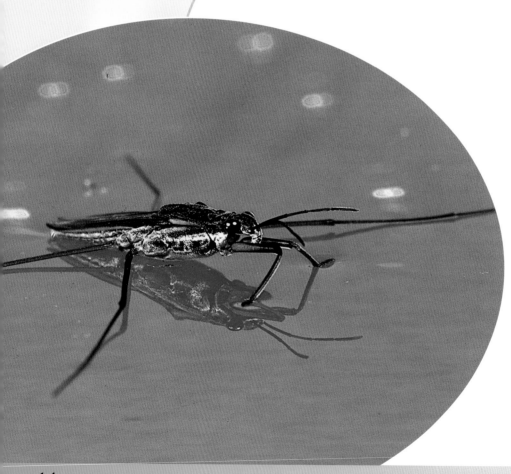

Patas para saltar y correr

Las pulgas pueden saltar 150 veces la longitud de su cuerpo y 80 veces su propia altura. Una vez se registró a una pulga dando un salto de 3 pies (1 metro) de altura. ¡Como si una persona saltara por encima del edificio Empire State!

La lepisma es un pequeño insecto de color plateado que vive en nuestros hogares. Puede correr a gran velocidad para esconderse debajo de las tablas del piso. Las cucarachas también corren velozmente sobre sus patas largas y delgadas.

Piojos

Los piojos que viven en la cabeza (debajo) se adhieren firmemente al cabello humano por medio de una garra especial. Incluso cuando laves o peines tu cabello, los piojos seguirán adheridos. Se necesita un peine especial para desprender estos insectos.

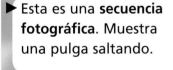

► Esta es una **secuencia fotográfica**. Muestra una pulga saltando.

secuencia fotográfica fotografía especial que muestra las etapas de una acción que generalmente sucede con mucha rapidez

15

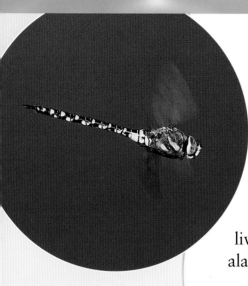

Tan liviano como el aire

Los insectos como los áfidos y los trípidos (o "thunder flies") son muy pequeños y livianos. Se dejan llevar por las corrientes de aire. El viento puede arrastrarlos largas distancias.

Vientos fuertes

Las alas de los insectos son asombrosas. Deben ser livianas pero muy resistentes. ¡Algunos insectos baten sus alas cientos de veces por segundo!

Voladores veloces

Las libélulas, como la que se muestra arriba, son insectos voladores rápidos y fuertes. Pueden volar a 30 millas (48 kilómetros) por hora en arranques cortos.

La polilla halcón puede alcanzar una velocidad de 33 millas (54 kilómetros) por hora. ¡Eso sí que es moverse!

▶ Esta **secuencia fotográfica** muestran una mosca mientras despega. ¿Puedes ver cómo bate las alas hacia arriba y abajo?

Moscas de las flores

Las moscas de las flores tienen una gran habilidad para volar. Pueden mover sus alas hacia arriba y abajo a una velocidad asombrosa. Pueden quedar suspendidas en el aire (debajo). ¡También pueden volar hacia atrás!

Insectos voladores

Muchos insectos son expertos pilotos. Pueden realizar pruebas asombrosas. Algunos, como las moscas de las flores, pueden sostenerse en el aire sin avanzar. Otros insectos pueden volar de lado e incluso hacia atrás. Otros, como las moscas domésticas, pueden aterrizar patas arriba en el cielo raso.

Sin alas

Otros insectos no tienen alas. Los piojos, las pulgas y las lepismas no tienen alas.

Visión en color

Las flores proveen de alimento a muchos insectos. Generalmente tienen colores brillantes u olores intensos para que los insectos puedan encontrarlas.

¿Sabías que las plantas también necesitan de los insectos? Los insectos ayudan a las plantas a producir semillas nuevas.

Cabezas y sentidos

Si bien algunos insectos son pequeños, generalmente sus **órganos sensoriales** son sorprendentes.

Ojos

Los ojos de los insectos son muy distintos de los nuestros. La mayoría de los insectos tiene dos **ojos compuestos** grandes. Estos ojos están formados por numerosas **lentes** diminutas. Los ojos compuestos son buenos para ver objetos en movimiento. Muchos insectos también tienen ojos simples. Estos ojos sólo pueden distinguir la luz o la oscuridad.

◄ Esta abeja se está alimentando de una flor. Su cuerpo está cubierto por el **polen** de la flor.

órgano sensorial parte especial del cuerpo que detecta señales, como olores y sonidos

Audición

Los insectos utilizan los sonidos para interpretar el medio que los rodea.

Los grillos chirrían todo el tiempo. Pero, ¿sabías que sus oídos están en sus patas delanteras? Los saltamontes y las langostas tienen oídos en su **abdomen**.

Las patas peludas de una cucaracha son excelentes para detectar **vibraciones** de sonidos. Si perciben peligro cerca, escapan rápidamente.

Vuelo nocturno

¿Has visto alguna vez polillas volando alrededor de la luz por la noche? Los expertos creen que las polillas usan las estrellas y la luna como guías para encontrar su camino. Las luces en nuestros hogares las confunden.

▲ Observa los enormes ojos compuestos de esta libélula emperador.

vibración estremecimiento o temblor rápido

> ► Esta es una polilla gitana macho. Sus grandes antenas son buenas para detectar olores.

Encontrar el lugar adecuado

Los piojos (debajo) usan las antenas para encontrar su camino entre el cabello. Prefieren el pelo limpio al pelo sucio.

Antenas

Los insectos usan sus **antenas** para recoger señales del entorno. Los insectos utilizan las antenas para tocar y sentir.

Los insectos no tienen nariz. Utilizan sus antenas para oler los objetos. Una polilla gitana macho grande tiene grandes antenas plumosas. ¡Puede oler a una polilla hembra a más de 1 milla (1.6 kilómetros) de distancia!

colonia grupo de individuos que viven y trabajan juntos

Detección de señales

Las antenas de los insectos presentan una variedad de formas, tamaños y longitudes.

Los insectos que viven en **colonias** a menudo se acarician y asean entre sí con sus antenas. Las abejas obreras y las hormigas usan sus antenas para transmitir mensajes.

La cucaracha utiliza sus antenas para encontrar el camino en la oscuridad. Puede rastrear migajas en tu cocina por la noche.

Detección térmica

Nuestros cuerpos emiten calor. Los mosquitos utilizan sus antenas para detectar el calor de nuestros cuerpos. Luego vuelan hacia nosotros para beber un poco de sangre.

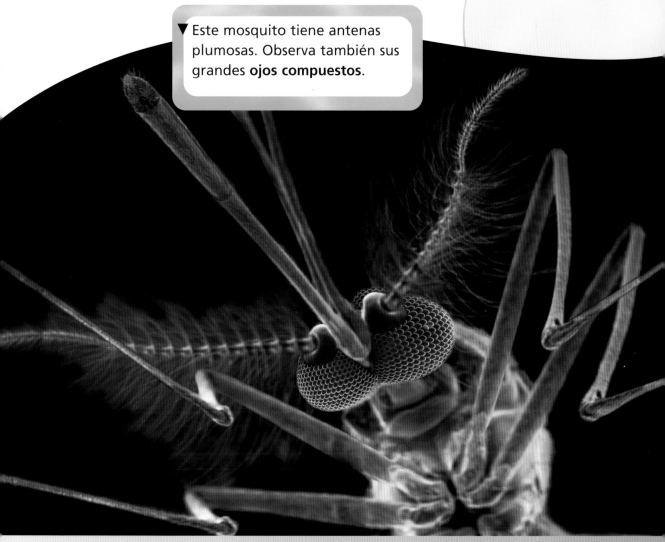

▼ Este mosquito tiene antenas plumosas. Observa también sus grandes **ojos compuestos**.

ojo compuesto ojo de un insecto, formado por muchos lentes simples diminutos

Respiración

Al igual que nosotros, los insectos necesitan tomar **oxígeno** del aire.

Nosotros tenemos pulmones para respirar y los peces usan **branquias**. La mayoría de los insectos adultos respira a través de tubos diminutos dentro de sus cuerpos. El aire penetra en estos tubos a través de aberturas a los lados de sus cuerpos. Estos orificios se llaman **espiráculos**.

Bajo el agua

El escarabajo acuático (debajo) vive en el agua. Entonces, ¿cómo respira? Recoge burbujas de aire en la superficie y las lleva debajo del agua. ¡Así arma su propia provisión de oxígeno!

oxígeno uno de los gases en el aire y el agua que todos los seres vivos necesitan

Sangre de insecto

La sangre de los insectos no es roja como la nuestra. Generalmente es aguada, de un color amarillento verdoso.

El corazón de un insecto también es muy distinto al nuestro. Es un tubo que se extiende por la espalda del insecto. El corazón late para que la sangre corra por el cuerpo del insecto. La sangre del insecto lleva el alimento adonde se necesita.

▼ Los barqueros acuáticos pueden remar por el agua. Usan sus patas peludas como remos.

Respiración bajo el agua

Los piojos viven en la piel de los animales, como los elefantes, (arriba). Incluso cuando el animal se da un baño, los piojos no mueren. En la piel o el pelo del animal quedan atrapadas pequeñas burbujas de aire. Con ellas basta para que los piojos se mantengan con vida.

branquias estructuras delicadas, en forma de abanicos, que permiten a los animales respirar bajo el agua

Alimentación

Las bocas de los insectos varían de forma según el tipo de alimento que consumen.

La polilla halcón tiene una lengua larga. La utiliza para encontrar **néctar** en la parte profunda de las flores.

Las moscas domésticas solamente pueden succionar líquidos. Salivan jugos en el alimento sólido, lo cual lo transforma en una especie de sopa. Luego sorben todo el alimento a través de sus bocas semejantes a esponjas.

Polillas bebedoras de lágrimas

Una polilla del sureste asiático bebe de la manera más extraña. ¡Se posa debajo de los ojos de las vacas y bebe de sus lágrimas!

▶ Esta hormiga corta las hojas con sus mandíbulas con forma de sierra.

néctar líquido azucarado producido por las flores

Bocas filosas

Las hormigas tienen mandíbulas fuertes y filosas. Pueden sujetar firmemente otros insectos o plantas y cortarlos en pedazos.

Los mosquitos macho se alimentan de los jugos de las plantas, pero las hembras beben sangre. Utilizan su boca con forma de aguja para hincarla dentro de la piel de los animales y humanos. La sangre es un buen alimento para los insectos hembra. Las ayuda a producir sus huevos.

Escarabajo sediento

El escarabajo negro (debajo) vive en el árido desierto africano de Namibia. Cuando hay neblina a la mañana, el escarabajo recoge las gotitas de agua en su cuerpo para luego beberlas.

25

Frijoles saltarines

Las polillas jóvenes son criaturas activas llamadas **orugas**. Las orugas de una polilla mexicana nacen dentro de un frijol y comen las semillas en su interior (debajo). Cuando la oruga se mueve adentro hace que el frijol salte.

Herbívoros

Más de la mitad de todos los insectos comen plantas. Comen hojas, tallos, raíces, **polen, néctar**, semillas, frutas e, incluso, la dura madera sólida de los troncos de los árboles.

Los insectos suelen ser un problema en nuestros jardines. Pueden dañar nuestras flores y vegetales. También pueden ocasionar inconvenientes a los granjeros que siembran **cultivos alimenticios,** como las papas y las frutas.

abono orgánico estiércol o plantas en descomposición utilizadas por los jardineros para enriquecer la tierra

Insectos jardineros

La hormiga cortadora de hojas no come hojas. Las corta para hacer **abono orgánico**.

Las hormigas llevan las hojas al interior del hormiguero. Allí lamen las hojas para limpiarlas. Luego esparcen los pedacitos de hojas y los mezclan con su excremento. En esta mezcla de abono orgánico crece un **hongo** especial. Es el hongo del cual se alimentan las hormigas.

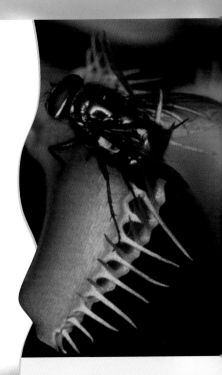

Plantas cazadoras

Algunas plantas comen insectos. La Venus atrapamoscas (arriba) espera que una mosca se pose sobre ella. Luego se cierra de golpe quedando el insecto atrapado en su interior.

◄ Estas hormigas cortadoras de hojas transportan trozos de hojas que han cortado. Se dirigen a sus hormigueros.

hongo moho o seta. Los hongos viven en materia muerta o en descomposición

Depredadores

Muchos insectos son **depredadores**. Cazan y matan otros animales, llamados **presas**. Las avispas, las hormigas y los escarabajos tigre son cazadores activos.

Una mantis religiosa come escarabajos, mariposas, arañas e, incluso, ranas. Permanece muy quieta hasta que rápidamente atrapa su presa con los ganchos en sus patas delanteras. La mantis comienza a comer su presa cuando todavía está con vida.

Alimento en putrefacción

Las moscas, como esta mosca azul, depositan sus huevos sobre carne en estado de putrefacción. Cuando nacen las crías, las larvas se alimentan de la carne muerta.

▼ Una mantis religiosa espera que su presa se aproxime.

presa animal que otros animales matan y comen

Parásitos

Los parásitos son animales o plantas que viven en otros seres vivos o a costa de ellos. Muchos insectos son parásitos.

Las moscas zumbadoras depositan sus huevos en la piel de las vacas. Luego nacen **larvas** activas y hambrientas. Penetran debajo de la piel de las vacas y se alimentan de su carne. Producen dolorosas inflamaciones en la piel de las vacas, que se denominan barro de tábanos.

¡Comidos vivos!

Algunas avispas inyectan sus huevos dentro de orugas. Cuando nacen las crías, las larvas de las avispas se comen a la oruga desde su interior (debajo).

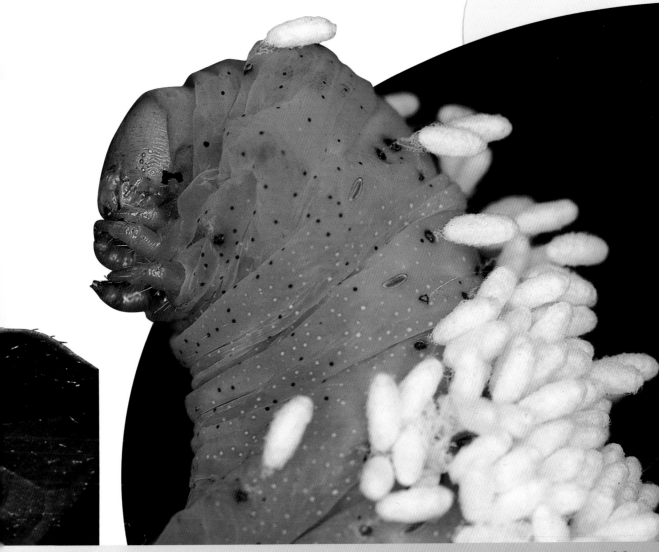

larva etapa temprana de un animal joven que aún no ha adquirido su forma adulta

Gustos extraños

Algunos insectos ingieren alimentos que para nosotros son repugnantes, por ejemplo, sangre, carne en putrefacción y estiércol.

Los piojos se alimentan de sangre fresca. Pueden vivir en nuestro cuerpo y beber nuestra sangre. Los piojos pueden incluso **sobrevivir** hasta tres días en un cadáver. Los piojos del cuerpo humano pueden transmitir enfermedades de una persona a otra.

La sangre como alimento

Las pulgas pueden vivir durante unos meses sin comida. Pero no pueden sobrevivir o depositar sus huevos sin haberse alimentado con sangre. La pulga de arriba se está alimentando de un ratón.

▶ Estos escarabajos coprófagos están llevando una bola de excremento. Pueden levantar 50 veces su propio peso.

sobrevivir permanecer vivo a pesar del peligro y las dificultades

Comedores de excremento

Los escarabajos coprófagos comen excremento. Algunos juntan el excremento fresco formando bolas y las llevan rodando hasta el interior de nidos subterráneos. La hembra deposita un huevo dentro de cada bola de excremento, luego cubre el nido con tierra. Las **larvas** comen el excremento cuando nacen.

Los escarabajos coprófagos desempeñan una función muy útil. ¡Sin ellos el mundo estaría repleto de excremento de animales!

Huevos y excremento de animales

Las moscas generalmente depositan sus huevos en excremento de animales. ¡En una bosta de vaca se pueden incubar 2,000 moscas! En Australia hay alrededor de 20 millones de vacas. Cada una deja alrededor de 12 bolas de bosta por día. ¡Eso representa un montón de moscas!

◄ Estos gusanos a veces se utilizan en hospitales. Ayudan a limpiar heridas alimentándose de la carne dañada.

Reproducción

La vida de un insecto es generalmente corta. Encontrar un compañero y producir más insectos es una tarea importante.

Cómo encontrar pareja

Los insectos tienen muchas maneras de atraerse. Los insectos machos utilizan sus **antenas** para oler a las hembras.

Las luciérnagas brillan en la oscuridad para atraer a otras luciérnagas. Algunas prenden y apagan sus luces. Tanto los machos como las hembras pueden brillar.

Obsequio envuelto

Antes de aparearse (debajo), la mosca bailarina macho le entrega a la hembra un insecto muerto envuelto en seda. Mientras la hembra está ocupada desenvolviendo el obsequio, el macho se aparea con ella. ¡Así evita que la hembra lo coma!

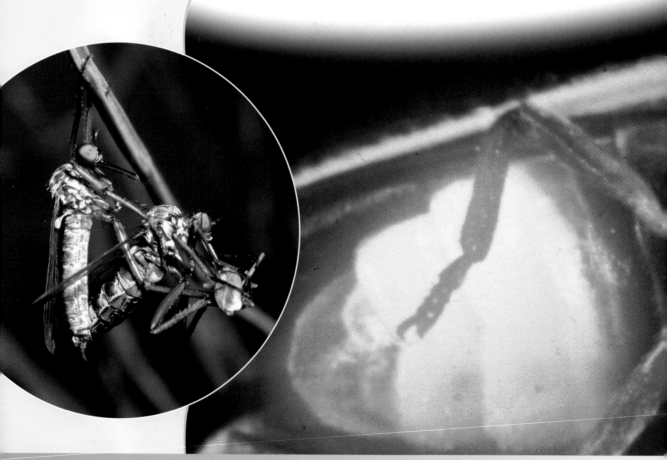

antena sensor ubicado en la cabeza de un insecto

Apareamiento

Los insectos machos generalmente son más pequeños que las hembras. Esto puede resultar peligroso para el macho durante el **apareamiento**. Debe tener cuidado de que la hembra no lo coma.

Después de aparearse, el insecto hembra busca un lugar seguro donde depositar sus huevos. Este lugar podría ser debajo de hojas o en el suelo, excremento o cadáveres de animales.

Avispas carpinteras

Las **larvas** de las avispas carpinteras crecen dentro de troncos y ramas de árboles. La avispa hembra (arriba) inyecta sus huevos a través de la corteza. Cuando nacen, las larvas se comen la madera.

◄ Esta luciérnaga está brillando para atraer a un compañero.

Ninfas

Las crías de insectos abandonan el huevo ya sea como gusanos activos llamados **larvas** o versiones pequeñas de los adultos, llamadas **ninfas**. Las ninfas de libélulas, cucarachas, moscas de mayo y saltamontes no tienen alas.

La mosca de mayo vive debajo del agua durante unos tres años como una ninfa. Cuando se hace adulta le crecen alas. La mosca de mayo adulta vive unas pocas horas. La mosca de mayo hembra debe **aparearse** y poner sus huevos rápidamente.

Extraño cálculo del tiempo

Las chicharras (debajo) son insectos grandes. Sus ninfas viven en el suelo. En América del Norte, algunas ninfas de chicharras demoran 17 años en llegar al estado adulto.

ninfa insecto joven con forma de adulto, pero sin alas

Mantis jóvenes

La mantis religiosa deposita hasta 400 huevos en una especie de espuma. Esto se endurece como un caparazón, que protege los huevos durante el invierno.

Ninfas diminutas nacen en la primavera. Su primera comida generalmente es uno de sus hermanos o hermanas. Las ninfas parecen hormigas al principio. Crecen durante el verano antes de convertirse en adultos totalmente desarrollados.

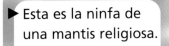

▶ Esta es la ninfa de una mantis religiosa.

"Saliva de cuclillo"

Las chinches salivosas son chinches pequeñas. Cuando son ninfas se envuelven en una especie de espuma. Esto las protege de los **depredadores**. Las burbujas de esta espuma suelen denominarse "saliva de cuclillo" (arriba).

¡No tocar!

Las orugas de la mariposa monarca (debajo) son muy coloridas. Las hojas del algodoncillo que estas orugas comen las hace venenosas. Sus colores intensos advierten a otros animales que no deben comerlas.

Ciclo de vida

Muchos insectos experimentan una gran transformación de huevos a adultos. Esto se llama **metamorfosis.**

La mariposa monarca hembra deposita alrededor de 400 huevos en las hojas del algodoncillo. Después de dos semanas nacen las **larvas,** u **orugas.**

La oruga recién nacida es muy pequeña pero está muy hambrienta.Comienza a mascar el algodoncillo y a crecer en forma constante.

metamorfosis cambio de una ninfa o larva al estado adulto

Cambio de forma

Cuando es lo suficientemente grande, la oruga se transforma en una **pupa**, o crisálida. Forma a su alrededor una cubierta exterior protectora y resistente. En su interior, la pupa cambia de forma.

Dos semanas más tarde sale una mariposa de la cubierta protectora. Al principio tiene las alas caídas y húmedas, pero pronto se secan. Luego, la nueva mariposa está lista para volar.

Viaje asombroso

Las mariposas monarca viven en América del Norte. Cada otoño, miles de ellas se reúnen en el sur de Canadá. Luego viajan todas juntas hacia el sur, a México, para pasar el invierno. Vuelan una distancia aproximada de 1,500 millas (2,500 kilómetros).

◄ Esta mariposa monarca acaba de salir de su cubierta protectora. Tan pronto como se sequen sus alas emprenderá el vuelo.

pupa etapa en que la larva se transforma en adulto dentro de una cubierta protectora

Defensa

Los insectos son un alimento sabroso para una gran variedad de animales, incluidos otros insectos. Los insectos tienen varios trucos que los ayudan a **sobrevivir**.

Los insectos comedores de hojas son una **presa** fácil para los **depredadores,** como los pájaros. Por este motivo, muchos insectos se alimentan solamente de noche, cuando hay menos pájaros en los alrededores. Otros insectos se alimentan del lado inferior de las hojas, por lo que se hace más difícil detectarlos.

Tema espinoso

Los saltamontes de árboles de Florida parecen espinas (debajo). Este maravilloso camuflaje hace difícil que los depredadores los encuentren.

presa animal que otros animales matan y comen

Magníficos disfraces

Muchos insectos son expertos en permanecer escondidos. Algunas polillas tienen alas marrones que coinciden exactamente con el color de la corteza del árbol. Los insectos palo y los insectos hoja parecen más bien palos y hojas en lugar de insectos.

Muchos insectos tienen exactamente los colores adecuados para poder confundirse con el medio. Este **camuflaje** es muy útil para eludir a los depredadores.

¡Mantener las distancias!

La oruga cola de golondrina (arriba) tiene dos grandes manchas en el dorso. Estas manchas con forma de ojos las hacen parecer serpientes venenosas. Es un buen truco para asustar a un depredador.

La **pupa** de una mariposa cola de golondrina parece excrementos de ave. Pero luego se convierte en una hermosa mariposa.

camuflaje colores y diseños iguales al entorno

Colores que advierten

Algunos insectos tienen colores que los ayudan a ocultarse. Otros lucen colores intensos con manchas y rayas. No se ocultan para nada. Los colores brillantes generalmente indican que el insecto es venenoso. Los colores advierten "¡aléjate!"

A veces, los insectos que no son venenosos también tienen colores intensos. Aunque son inocuos como alimento, sus colores los ayudan a protegerse.

Trucos de colores

La mariposa de la col (arriba) no es venenosa, pero sus intensos colores naranjas pueden alejar a un depredador.

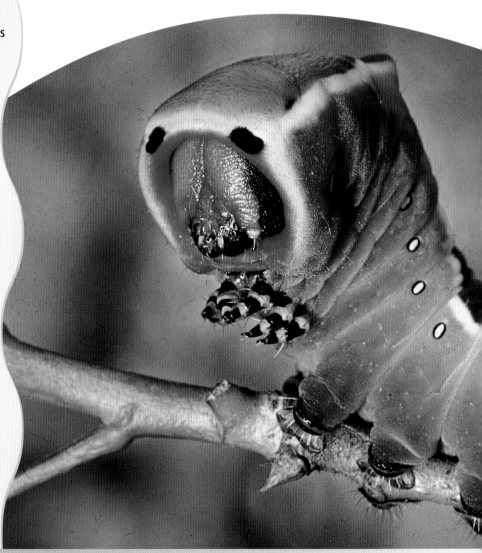

depredador animal que mata y come otros animales

Contraataque

Una manera de asustar a un **depredador** es contraatacarlo.

El escarabajo bombardero lanza un chorro hirviendo de alta presión si es atacado. El chorro proviene de la punta de su **abdomen**. Se ve como una diminuta bocanada de humo. Suena como un estallido cuando es lanzado. El escarabajo puede apuntar el chorro en cualquier dirección. ¡Es un arma útil para ahuyentar depredadores!

Trucos malolientes

Otra manera de evitar convertirse en el alimento de un depredador es oler de manera muy desagradable. La chinche apestosa (debajo) emplea un truco útil. Si se ve amenazada exuda un líquido hediondo.

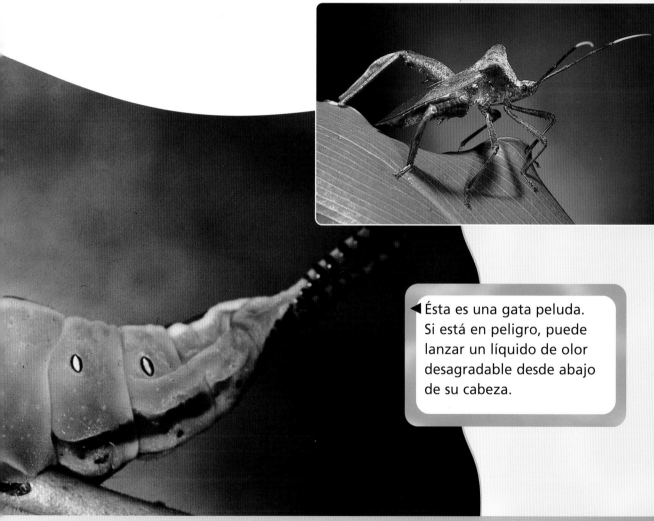

◄ Ésta es una gata peluda. Si está en peligro, puede lanzar un líquido de olor desagradable desde abajo de su cabeza.

Insectos aterradores

Algunos insectos nos parecen aterradores. Algunos pueden ser peligrosos y hacernos daño.

Criaturas recias

¿Sabías que una cucaracha puede sobrevivir durante una semana sin su cabeza? Se muere porque no puede beber y se seca por completo.

Cucarachas

Las personas suelen creer que las cucarachas transmiten enfermedades y sólo viven en lugares oscuros y sucios. En realidad, sólo unas pocas **especies** de cucarachas son dañinas.

Algunas cucarachas pueden transmitir enfermedades porque van desde lugares sucios como las alcantarillas hasta nuestras cocinas.

Las cucarachas pueden vivir en grietas y hendiduras en nuestros hogares. Salen a la noche en busca de alimento en nuestras cocinas.

▼ Ésta es una cucaracha gigante australiana escondiéndose.

especie clase de ser vivo, animal o vegetal

Visitantes indeseables

Las cucarachas son insectos resistentes. Son difíciles de controlar cuando viven en nuestros hogares.

Pueden trepar paredes con facilidad porque tienen garras en sus patas. El agua no las molesta demasiado. Pueden **sobrevivir** 40 minutos sin aire, por lo que no se ahogan con facilidad.

Cucarachas fantasmales

Una cucaracha que recién ha **mudado** la piel luce un color blanco fantasmal (debajo). Después de unas ocho horas, la piel de la cucaracha recupera su color habitual.

◄ Existen más de 3,000 especies de cucarachas. Solamente alrededor de 60 de ellas son plagas, como estas cucarachas americanas.

mudar deshacerse de o perder la piel o caparazón viejo

Picaduras asesinas

Las picaduras de abejas asesinas no son mucho más venenosas que otros tipos de picaduras de abejas. Estas abejas tienen este nombre aterrador porque atacan repentinamente, y en grandes cantidades.

▲ Estas abejas asesinas se encuentran en Brasil.

Abejas asesinas

Hace cincuenta años, un grupo de científicos trató de producir una nueva abeja que pudiera fabricar más miel. Pero esta abeja se volvió muy peligrosa.

Algunas se escaparon y comenzaron a diseminarse. Volaron hacia el norte desde Brasil y llegaron a los Estados Unidos en 1990. Las nuevas abejas son **agresivas**. Olores intensos, colores brillantes y ruidos fuertes son suficientes para que se decidan a atacar.

Abejas perseguidoras

Si las abejas asesinas se deciden a perseguir a una persona, ni saltar al agua las alejará. Esperarán a que la persona salga a respirar.

Picaduras peligrosas

Algunas personas sufren de **alergia** a las picaduras de abejas. Esto implica que realmente pueden morir de una picadura de abeja. Menos del 1 por ciento de las personas padece de esta alergia.

▲ Éste es el aguijón y el saco de veneno en la punta del **abdomen** de una abeja obrera.

▲ Las abejas asesinas se han diseminado desde América del Sur hasta los EE.UU.

alergia reacción adversa a ciertas sustancias

En marcha

Las hormigas marabunta (debajo) matan y comen la mayoría de los animales que no se apartan de su camino. ¡Juntas pueden matar lagartos, víboras, pollos, cerdos e incluso escorpiones! También pueden trepar árboles y comer aves.

Hormigas aterradoras

Pregunta: ¿Qué animal puede comer a otro animal en su camino y marchar largas millas para encontrar comida? Respuesta: La hormiga marabunta.

Las **colonias** de hormigas marabuntas pueden contener millones de hormigas. Hay un informe proveniente de Brasil sobre un enorme **ejército** de hormigas marabunta marchando. ¡La hilera de hormigas medía 1 milla (1.6 kilómetros) de largo!

▶ Hormigas marabunta abarrotan el suelo de un bosque en el Caribe.

colonia grupo de individuos que viven y trabajan juntos

Hormigas ardientes

Las hormigas rojas del fuego también provienen de América del Sur. Cuando pican, inyectan un veneno que genera un gran ardor en la piel. La persona suele sentirse muy mal.

Las hormigas rojas del fuego llegaron a los Estados Unidos en la década de 1930. Viajaron hasta allí en barcos. Las colonias comenzaron a propagarse. Estas hormigas son ahora muy comunes en algunas regiones de los Estados Unidos.

Hormigas mortales

La hormiga bulldog de Australia (debajo) tiene mandíbulas poderosas. Pica y no suelta su presa. Además inyecta un veneno. Tan sólo 30 picaduras de una hormiga de esta especie pueden matar a un ser humano.

Insectos en peligro

Se conocen más de 1 millón de **especies** de insectos en la Tierra. Existen muchas, muchas más que aún no hemos descubierto.

Durante años hemos estado en guerra con los insectos. Los exterminamos con **insecticidas** y destruimos los lugares en los que viven. Los atrapamos para exhibirlos en vitrinas. Por este motivo, muchas especies de insectos están en vías de extinción.

Apariencias que matan

En algunas regiones de Europa, el avispón (debajo) está amenazado. La gente los mata porque parecen nocivos. En realidad, rara vez atacan a los humanos.

insecticida sustancia química fumigada sobre los insectos para envenen.

En vías de extinción

El escarabajo tigre rosa coralino de las dunas de arena es un insecto diminuto con un largo nombre. Vive en Utah. Quedan solamente alrededor de 1,000 especímenes. Las personas los atrapan porque tienen colores hermosos y brillantes.

El escarabajo enterrador (debajo) entierra pequeños animales muertos para alimentar a sus **larvas**. Si estos pequeños animales desaparecen por completo, los escarabajos también corren peligro de extinguirse.

Mariposa en vías de extinción

La gran mariposa azul de Gran Bretaña desapareció en 1979. El desmonte de las laderas de las montañas para la agricultura destruyó los hogares de estas mariposas. Los científicos las han traído nuevamente a Gran Bretaña y hay un pequeño número de estas mariposas que ha vuelto a vivir en su hábitat natural.

larva etapa temprana de un animal joven que aún no ha adquirido su forma adulta

Ayudantes de los insectos

Los insectos depositan sus huevos en cadáveres humanos. Los huevos y las **larvas** de los insectos pueden ayudar a los científicos a establecer la fecha de fallecimiento de una persona.

Los insectos y nosotros

Los insectos pueden ser malas noticias. En el año 1350, las pulgas en las ratas negras propagaron una enfermedad mortal llamada peste bubónica. La peste mató a un tercio de todos los europeos.

Las termitas comen madera y pueden dañar las casas. Otros insectos, como las langostas, comen nuestros **cultivos** y causan **hambruna** en algunas partes del mundo.

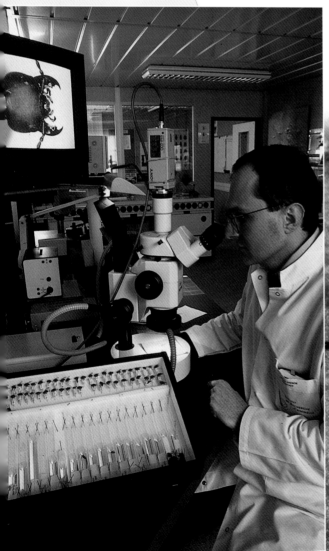

▼ Éstos son escarabajos de Colorado. Son una plaga: destruyen plantaciones de tomates, pimientos y papas.

cultivo planta que los humanos siembran para consumir como alimento como el trigo o las papas

Insectos útiles

Los insectos son pequeños y, en general, no notamos su presencia. Pero los insectos nos pueden ser de suma utilidad.

Ayudan a mantener la Tierra limpia, ayudan a las plantas a producir semillas y brindan alimentos a millones de otros animales.

Sin los insectos, el mundo sería un lugar muy distinto.

Maldición mortal

Los mosquitos transmiten la malaria, que mata hasta 4 millones de personas por año. Bill Gates (arriba) ha donado importantes sumas de dinero para ayudar a los científicos a encontrar una cura para la malaria.

hambruna período prolongado de escasos cultivos, sin cosechas y sin alimento

Descubre más

Organizaciones

Museo Nacional de Historia Natural
El museo forma parte del Instituto Smithsonian. Tiene la mayor colección de especímenes de la historia natural del mundo. Puedes comunicarte con ellos escribiendo a la siguiente dirección: **National Museum of Natural History, Smithsonian Institution, 10th Street and Constitution Avenue, NW Washington, D.C. 20560-0135**

Bibliografía

Albouy, Vincent, et. al. *Un millón de insectos*. SM Ediciones, 1996.

Julivert, María Ángels. *Los escarabajos*. Parramón, 1995.

Mound, Laurence. *Los insectos*. Santillana, 1990.

Búsqueda en Internet

Para conocer más acerca de los insectos, puedes realizar búsquedas en Internet. Utiliza palabras claves como éstas:

- "escarabajos coprófagos"
- abeja + miel
- "colonias de hormigas"

Puedes encontrar tus propias palabras clave utilizando las palabras de este libro. Los consejos de búsqueda de la página 53 te ayudarán a encontrar sitios web útiles.

Consejos para la búsqueda

Hay millones de millones de páginas en Internet. Puede resultar difícil encontrar exactamente lo que buscas. Estos consejos te ayudarán a encontrar sitios web útiles más rápidamente:

- Debes saber lo que quieres averiguar
- Utiliza palabras clave simples
- Utiliza entre dos y seis palabras clave en cada búsqueda
- Utiliza sólo nombres de personas, lugares o cosas
- Utiliza comillas para encerrar las palabras que van juntas, por ejemplo, "mantis religiosa"

Dónde buscar

Motor de búsqueda
Los motores de búsqueda buscan en millones de páginas de sitios web. Enumeran todos los sitios que coinciden con las palabras del cuadro de búsqueda. Verás que las mejores coincidencias aparecen en primer lugar en la lista, en la primera página.

Directorio de búsqueda
En lugar de una computadora, una persona ha clasificado un directorio de búsqueda. Puedes realizar tus búsquedas por palabra clave o por tema y buscar en los diferentes sitios. Es como buscar en los libros de los estantes de una biblioteca.

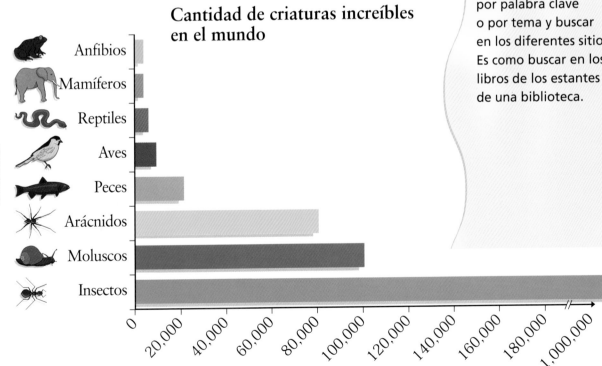

Cantidad de criaturas increíbles en el mundo

Criaturas: Anfibios, Mamíferos, Reptiles, Aves, Peces, Arácnidos, Moluscos, Insectos

0, 20.000, 40.000, 60.000, 80.000, 100.000, 120.000, 140.000, 160.000, 180.000, 1.000.000

Cantidad de especies (aproximada)

Glosario

abdomen parte posterior del cuerpo donde se encuentran el corazón y el estómago

abono orgánico estiércol o plantas en descomposición utilizadas por los jardineros para enriquecer la tierra

agresivo enojado y con tendencia a atacar

alergia reacción adversa a ciertas sustancias

antena sensor ubicado en la cabeza de un insecto

aparearse cuando se unen un animal macho y una hembra para producir crías

branquias estructuras delicadas, en forma de abanicos, que permiten a los animales respirar bajo el agua

camuflaje colores y diseños iguales al entorno

colonia grupo de individuos que viven y trabajan juntos

cultivo planta que los humanos siembran para consumir como alimento, como el trigo o las papas

depredador animal que mata y come otros animales

escama placa diminuta que crece de la piel. Las escamas cubren las alas de las mariposas y las polillas, como las tejas en un techo.

especie clase de ser vivo, animal o vegetal

espiráculo orificio respiratorio en el cuerpo de los insectos a través del cual pasa el oxígeno a su cuerpo

hambruna período prolongado de escasos cultivos, sin cosechas y sin alimento

hongo moho o seta. Los hongos viven en materia muerta o en descomposición.

insecticida sustancia química fumigada sobre los insectos para envenenarlos

invertebrado animal que no tiene columna vertebral

larva etapa temprana de un animal joven que aún no ha adquirido su forma adulta

lente parte clara del ojo a través de la cual pasa la luz

manga langostas que se mueven juntas en un gran grupo

metamorfosis cambio de una ninfa o larva al estado adulto

mudar deshacerse de o perder la piel o caparazón viejo

néctar líquido azucarado producido por las flores

ninfa insecto joven con forma de adulto, pero sin alas

ojo compuesto ojo de un insecto,
formado por muchos lentes
simples diminutos

órgano sensorial parte especial
del cuerpo que detecta señales,
como olores y sonidos

oruga larva de una mariposa o polilla

oxígeno uno de los gases del aire y
del agua que todos los seres vivos
necesitan

parásito animal o planta que vive en
otro organismo o a costa de él

polen células sexuales masculinas
de las flores, que se combinan
con las células femeninas para
hacer semillas

presa animal que otros animales matan
y comen

pupa etapa en que la larva se
transforma en adulto, dentro
de una cubierta protectora

secuencia fotográfica fotografía
especial que muestra las etapas de
una acción que generalmente sucede
con mucha rapidez

sobrevivir permanecer vivo a pesar
del peligro y las dificultades

tintura sustancia utilizada para dar
color a algo

tórax parte del cuerpo de un insecto
entre la cabeza y el abdomen

vibración estremecimiento o temblor
rápido

Índice